Fußball ist unser leben
Lyrik

Uwe Kraus

Uwe Kraus, geboren am 17.02.1979
absolvierte nach seiner Fachhochschulreife,
die er in Kaiserslautern ablegte, eine
Ausbildung zum Autolackierer, die er an der
Meisterschule für Handwerker machte.
Seit 2000, seinem 21. Lebensjahr schreibt er
Gedichte und Kindergeschichten, sowie
Aufsätze und Liedtexte.
Seine Erstveröffentlichung, „Der Stern des
Lebenssinnes", folgte im Jahr 2001, sein
Frühwerk.
Er ist Mitglied im Literarischen Verein der
Pfalz, sowie der Autorengruppe
Kaiserslautern und veröffentlichte in
Zeitschriften für Literatur und Kultur.

Novivitalis Verlag No.7

Herstellung und Verlag: BoD - Books on Demand
Norderstedt
ISBN- 9783833490095

fußball ist unser leben

und wir sterben dafür in den stadien

es ist ein gefühl das dich nie verlässt
das erste tor der erste jubelschrei der erste

das spiel gegen köln
2: 2
in den letzten minuten noch umgebogen
erst stand es 2: 0 für köln
dann kam die wende ich erinnere mich
wie winkler den ausgleich machte
dann der schuss von haber
abgefälscht
im tor ehrmann
wutentbrannt

das war wahnsinnig den schrei auszustoßen
und
nach den toren anzufeuern
kommt noch die wende?

ich glaube wenn ich den teufelsberg besteige
verlieren sie seltener

wenn schnee fiel

ging er an die hexentreppen
und fuhr sie mit dem schlitten hinab
oder ging er zum blinnen
oder mittags an die drei tröge
mehr weiß ich von ihm nicht

an die vergangenheit

im jahr meiner taufe
war kein o du fröhliche
danach um so mehr
erst war martina geboren
am anfang andreas

und später folgte ich der generation als
letzter

ich war immer der kleine

uwe drück auf die tube
manchmal meint man grade
er wär ein schaf
sagte mein bruder
wenn er nicht gerade dicker sagte

und opa zählte die grammschwere
eines vogels
in das gewicht eines solchen

ich weiß nicht wie lange das alles her ist

manchmal
gehe ich noch mit meilenstiefeln
die erinnerung ab
oder trauer um den zerfall
der familie
doch mehr war nie zu sagen
in dem jahr in dem ich geboren wurde

glaubst du..

das du aus diesem unsinn was lernen kannst
sagte opa
und vertiefte sich in seine tageszeitung
während
mein bruder fern sah
ich sagte ich
versteh nicht wer oder was er getan hat
der ist drei meter in die tiefe gestürzt
sagte vater

nachdem ihn die polizei von der hellerhütte
zu seinem waffenarsenal
begleiten sollte

ja ja siehst du
die schlucht hinab
das war kimmel

mein bruder grinste

und opa
wiederholte
glaubst du dass du aus deinem sketch up was
lernen kannst

so verging mein kindsein
in gummistiefeln
mit dem kleinen rädchen

ich weiß wie alles war

so nur der anfang
eines taugenichts
das ende
ist noch nicht in sicht

jetzt jährt sich wieder das jahr
und meine manuskripte blieben liegen
auf einem stoß meiner dokumente

wenn die sonne

sich über mich hebt und überall
alles blau und wolkenlos ist
dann weiß ich der atem
den ich einzieh mit
sauerstoff
ist mir allein
und die krypten
des winds
die die bäume zum wehen bringen
sind mir
und die zungen
die wir benetzen mit
wasser und
licht sind
allein im salz des meeres gebunden

ich atme bis ich schnaufe
und drehe mich nach west
dort versinkt der traum

tonlos
wie gemalt
und schlägt mit dem frieden der
abendglocken
hinab
in die meere
zur anderen seite
in die tiefe
bis der mond über uns zu strahlen
anfängt und das gras

mit tau beschmückt
in lauen nächten

ab und zu hört man eine eule
ein käuzchen
singen
und der tag schläft unter den eichen der
gärten

on an island

ich spürte nichts
bis sich die fesseln
der realen welt enger zogen
in millimetern

ich schrie
um mich herum
lauter katzen
die schnurrten
und in den mülltonnen
der dreck der jahrzehnte
in aschen verbrannt

ich wühle in mir
und finde elexiere des lebens
in staub

in den straßen der großstädte
die ich morgens zum einkaufen besuche

heute schmissen sie geld herum
ich fing keines

alles abgezählt

marx ruft dominanz hervor
und schreiet immer
zum fenster hin

ich weiß

sagte ich
und schluckte
die zeilen in mich
vor lauter verwirrung

auf derselben insel

sahen wir dinge verschwinden
im gewitter
und die nacht fing mit ihren schatten
die realität ein
die sie dann in die herzen pflanzt
von neugeborenem

und sterbendem

ich sah licht
verschwommen
eine spieluhr
die sich immer weiter dreht

und dreht
mit einem geleier
von takten musik
und einem kranz voll blumen

„die insel
die ich meine
ist meine"

ich weiß wie es ist
meine sprache zu sprechen

sagte ich dazu mehr nicht

meine eigene welt

beginnt unter dem dreck
eines kotflügels
und endet in der nacht schlafwandelnd vor
dem computer

am morgen reiben wir mit sandpapier
den lack
von den karren
und schmieren die spachtel
als handwerker
auf die autos

überall rost
glasfiber
in den ritzen
eines 58 er porsche

doch es sind nur
höchstleistungen
der gedichte

meiner hände

wenn man maler und verschmierer ist

der ozean stirbt

die wälder sterben den rauen tod
zum ende der geschichte
die unsere eigene ist

ich sehe farben im pluto
und blut tropft der sonne am gaumen
bunter schnee verkippt von gott in russland

riecht nach ölen und teeren
verbrannter erde
und kiefernblut

der ozean steigt in metern da die polkappen
gegen die nacht schlagen
die auf den sicheln der arktis

zu hoch temperiert werden
blumen und tau schmücken
naturbetrachtungen

von goethes in den augen
hinter umbrischen bergen
schwimmt wasser

leicht verätzt in flüsse
die sich zum kamm
ins meer spülen

und dann das eis und die
fische zum beben bringen ich seh

mein erstes gedicht

schrieb ich mit der mondsichel
auf moos
ich steckte eine fackel
in die erdige luft
und setzte mich auf meinen poncho
der mich im winter vor nässe und kälte
schützte
und begann im angesicht der nacht
einen gedanken zum andern zu fassen
ich schrieb meine gefühle nicht auf
sondern worte
reimte ich auf seiten ineinander und webte
sie
dass licht und
schatten unerträglich wurden
ich wachte über die nacht
in ihrer kälte stundenlang
auf dem boden um mich pilze
und anderes getier
ich trank einen schluck aus meiner
trinkflasche
und ging im morgengrauen
zu den andern
und las
da alles allzeit bereit schien

so wie ich pfadfinder war
und die einzelnen gedanken der welt
schmückte
zu einem text

in dem die dinge zu geheimer mystik
verdreht wurden
und ich in meinem zelt anfing
zu sterben und auferstehn mit einem male

marmorknospe

alles liegt wohl weislich
in den tiefen der seele verborgen
goldstaub myrrhe salbei
bilder bis zur kreuzigung sind gespeichert
in höhlenartigen miniaturen der weltweisheit

ich dachte von gestern dass dieser tag
die stagnation in bildern trägt doch ich
täuschte mich
nicht nur in dir
aber in mir täusche ich vor dichter zu sein
und für dies sterben zu wollen
doch ich bin in wahrheit
ein grashalm
auf den skalen der buddhistischen
wissensbilder
ich bin staub und asche der urnen
und tiefer noch expressionist der worte
ich reise die bücher zum brand
und sterbe in ihnen
in hofmannsthal george
algabal

ich war wirr
und gesunde zunehmend
die worte heilen
wenn sie geschrieben sind
es tut weh sie nicht zu schreiben
bilder hinauf zum mond
gedichte bis einer galaxie das ende entfällt

andromeda
ich bin knospe an den ranken
der rostigen rosengitter
ich lehre ein neues reich

hier kommen dimensionen zustande

invisible man

überall wo man hinblickt nur starre
unter den dächern der rosenblüten
und der marmor bleibt ungeküsst
im saum meines herzens
das kahl wie ein astraler stern
über die nacht wacht in bildern
ich sehe mich reisig binden vor jahren
und meinen puls höher schlagen
ins zelt der liebe des unendlichen sinns
der über uns steht
im firmament der großartigen sanftmut
des glaubens und der verführung der kunst

ich weiß wer ich bin
ein unscheinbarer geist
der im innern seines herzens fühlt
wie gutartig tumore des leids sind

und der von tiefen umspült
in den garten der gärten wandelt
um die knospen zu zählen
wie sie mit ihrem duft die scheibenwelt
auf der wir sind zum atmen bringt

ich liebe dies edensgleiche
wenn die pulsadern unter der last
eines 18 tonners und eines luftleeren raums
platzen

innerlich bin ich zerwühlt

von marmorblumen und martern
die mein leben für mich barg

ich schreibe um meine gefühle nicht zu
verletzen
und deine zu drücken zu mir hin
und zu mir her

ich vergesse dich nie in meinen armen
wie unsere gedanken verschnürt
und geflochten waren

in uns und über uns

shine on

am himmel sah ich
einst einen planeten
sterne funkelten und
der mond schien kräftig
wie ein fußball
auf die welt hernieder
in einem waldstück
begegneten
mir vögel elben
und gnome

doch mein herz erinnerte sich
ein gedicht ist eine lüge
die von allen
dich trifft
wie du stehst und schwankst
auf die welt
zu der welt

scheine
ein astral
senkt sich
wie eine flut
aus euren mündern
ich seh ich seh

er war da

und trank aus dem feuer

dann war er wieder weg
von vorne
was geschieht und geschah
war weg und gar nicht mehr da

dann sah ich licht
licht
das wie die narben
der sonne aufsteigt
um uns zu verwischen
wer frägt

und gibt strahlen
aus der ferne

fliegengift

ich schälte und biss
mit den dritten in den apfel
der sehnsucht
und stieg wie es schien
hinauf zum licht

ich war gefangen vom blick
hinweg war das eis am stiel

sonnentage

wie diese gibt es seltener im herbst

wozu scheinet der planet so kräftig
wenn es april ist
was erwartet uns im sommer
die sonnentage
werden mehr und mehr
im hirn verbrennen die
assoziationen

wie ein lichtsturm
das uv macht uns gefügig

neongelbe

assoziationen
ziehen
durch die spiegel der straßen

und verweben die lichter
zu bildern

am rande des universums

worte die man

erfassen kann
sind nichts für dichter
leben sie doch
gegen gefühle
und schatten

und triumphieren
im kopf
der rationalität

ich kann nicht

erfassen was bleibt
was geht
und kommt

in den tagen in denen wir
uns nicht sahn

die bilder sind verwoben
verworren

in körperlosen tönen

wenn alles gleich bleibt

dann werde ich tieftraurig
ohne mich in ein
leben zu verfassen
das licht bringt

ich sehe die tiefe der materie
angehängt
der baum des lebens
von dem ich nicht aß

murmeln

als ich klein war
spielte ich mit ihnen

und noch jetzt sehe ich mich
die kugeln zu bewegen
wie lahmes glas

die häuserzeilen der stadt

seh ich langsam verschwinden
in ebenen des waldes
der um uns sich erhebt

es wird kühler
und frostig in der nacht

wenn alles verweht
wie die hoffnung
nicht zu frieren
wenn der morgen uns hascht
mit sonnenschein

mach mal platz

für meine ideen
und sträube nicht
deine meinung gegen andere
wie meine

ich habe dich doch
aus dem herzen geschnitten
und die wunden
an meiner seele

gekittet
mit leim

ich existiere

im hier und jetzt
und morgen
werde ich das nicht mehr tun
ich bin ein felsen
und gehe von tag zu tag wie
ein bär
auf seine gegner zu

morgen ist das relative von gestern
verwischt
und der neue tag dreht
die atome

gespalten

haltlos
sitzt der schweigende im stahl
und weiß nun mehr
von morgen
ich sehe hister
sagt er und es regieren die träume

erinnere die nacht

und den nachmittag
es ereignen sich schauer
der ginster wächst
in den himmel
ich weiß du siehst
die blaupausen
über denen ich sitze
und grübele
dann kommt das licht

wer verlischt wird nie mehr gebunden

siehst du

ich hab doch recht gehabt
du nicht

ich kann das so leiden
dich nie mehr
in die arme zu schließen

weißt du warum

ich nicht

wer geht wird

kristall
und klar und rein
wer ins nirvana dringt
an den pforten des himmels
dort wo sie die haare
waschen mit gold

doch du verstehst nicht
ich habe geteert und
weiß nun
mehr von neuen meeren
warum
weil ich die wege kenne auf denen ich gehe

und kristall wird´s nicht

das wird alles schwarz wie die nacht
wenn ich gehe
wo die träume sind

angst

habe ich keine
da musst du doch nicht
weglaufen

wenn du gestraft wirst
mit leben
das alles sich öffnet
mit flügeln
ist doch klar
wenn das leben ein engel ist
in den armen der gräber

wer hat

dich geschaffen
amadeus
in licht gestellt
und oben den first verengt
auf dem sie dein
haupt stellen
im jahr 2006

oben

dreht sich das espenlaub
im wind
und unten liegen die gräber
am fuße
der berge
im schnee
wer befreit
sie von wasser
wer düngt
den ginster
wenn er wieder kommt

das ist fatal
die farben
zu sehn
wie sie von
sternen ummantelt
das licht brechen
ich habe
persönlich an
vieles gedacht

außer an tote
im park
die sind
schon lange da in den armen
der götter

vom weh

fernweh
heimweh
habe ich
in der klapse gehabt

das war der lagerkoller
von dem alle wussten

außer mir

heimat

ich sehe dich
eingezäunt
am fuße
des oleanders
alles wird begreiflich

wenn ich dich spüre
in dich zu tauchen
mit lust
und wieder hervorzukommen
außer der angst
ist alles da

standard

alles wird
geschrieben
in hilflosen momenten
wie sie die dinge
und worte brechen
und wiederholen
am anfang

eines gedichtbandes

ich habe
alles erzählt
blut ausgesaugt
lateinisch
und trotzdem
bin ich nur
stoisch
in meinen aussagen

wer erzählt
schon gerne
von sich
wenn er weiß
dass jeder zuhört

rostiges wasser

kommt aus der leitung
erstens:
wie lange war das her

dass du mir zugesehn hast
wie ich das reparierte

zweitens:
war´s gar nicht kaputt

drittens:

ich habe davon getrunken
wie ich doch
alles falsch mache
wenn ich
im bett liege
und träume

als ich

den berg bestieg
um von einem hügel
hinabzugleiten

fiel mir ein
ich habe die
gebote
vergessen

die da oben lagen

zwischen all
dem schutt
und schotter
ich sehe nicht
ein

müll zu trennen
ohne eine steigerung

wieder hoch zu gehn
und sie zu holen

soll das doch ein anderer tun
ich bin
gegen
müllkippen
verdorbenes wasser
atommüll
castor

doch wer hört auf mich

die die gebote
da oben in müll
vergreisen lassen

habt ihr gehört

das war die seele
die aufschreckte
das war betrug
und hochstapelei
von ihr
wer
versteckt
sich in mir
immer noch

lange passage

ich ging die straße entlang
auf ihr
unter ihr
sah ich die sterne funkeln
wie diamanten
im licht
der gassen
und ihrer schlaglöcher

ich fiel
ohne aufzufallen
vorwärts
in der dunkelheit
meiner seele

mein herz schrie
nach liebe
und die passagen
meiner selbst
änderte ich zu licht

wie wenn
ein fußball platzt
explodiert meine seele

ich finde keinen halt
alles reißt mich
nach unten
im sog
der laternen

das licht
flackert
einmal

zweimal
dann explodiert
mein nerv

ich bin
gefangen

in stille
moose
und farne

biegen sich über mich

im erdreich
das ist das leben

es geht
tief fort
wie wenn
eine birne
durchbrennt
in meinem gehirn

bald bin
ich alleine
und niemand
glaubt

mir
das ist das licht das verlischt
der lebenskerze
die ausbrennt
wie sicherungen
bei einem
kurzschluss

für maria basler

das kostet geld

eine umschulung reha
krankenhaus
und erst das verletztengeld

das kostet die
wie ich mir beine
breche und nie das knie

was lerne ich

wenn ich lese
schreibe
atme fühle

gewitter
zieht auf

wer trägt die schuld
der lieben
der toten
der künftigen

wer sieht den schmerz
im auge des urhebers

ich sehe
lange schatten
wieder gewitter
blitz und donner

es kracht
ein baum fällt
in die schneise

was lerne
ich vom hören
dass dinge weh tun
wenn sie nicht geschrieben
gelesen
gefühlt werden

echos

ein echo hallt
die berghänge hinab
und öffnet den weg
für eine lawine
aus geröll schutt
und asche
wer unter ihr begraben ist
weiß ich nicht
doch ich schreie nochmal

diesmal lauter
mit voller inbrunst
und lust
die gedanken
vom übermenschen in mir

wer das wohl liest wenn ich

verblichen bin
weiß ich nicht

doch das herz das leid
und der schweiß erhellen
die botschaft

ego manitu

ich weiß von nix

wenn ich wüsste
würde ich erzählen
und erzählen
und erzählen

ich würde die erzählungen
niederschreiben

doch da ich
von nichts
ahnung habe
das sagt jedenfalls
meine mutter
muss
ich mich kurz fassen

ja was soll
ich machen
ich versuch
ja alles
mögliche
aufzuschreiben
charismatisch zu erscheinen

oder oden zu verfassen
aus dem
bisschen leben das bleibt

doch da lebe ich vorbei

ich habe angst
mich zu verliern
und alles auszugleichen
was in schwingung kommt

kurze abhandlung

also ich fasse
mich kurz meine damen
und herrn
ich war da und wollte
dinge verschieben
doch da
lief mir die zeit fort
und es blieb nur ein haufen elend

was soll ich erzählen
wenn ich doch kein erzähler bin
ich fasse mich kurz in
gedichten und texten

kurz wie in dieser abhandlung

stay

wenn ich wünschen könnte

würde ich hexen
dass du auftauchst
untertauchst
fortbleibst
kommst und gehst

lied 2

was soll all die fron

autistisch zu seinblind die farbe zu suchen
taubstumm

ist schlimm
schlimmer als es mir geht
ich war
und bin gedankenlos
aber nie gefühllos
aber nie
gehörlos
nie blind

mir tut zwar das knie weh
aber das
kann man schmerzen nennen
die überstehbar sind
nicht die

nie weh.gehn

halbzeit

der ball auf augenhöhe

die kabinen vorgeheizt
der pausentee
nieder mit den massen

dies wird mein letztes mal dass
ich den ball
beim elfmeter
vorbeischieße

fantumulte
auf die barrikaden

der stadien
fanverbote
stadionangst

kaiserslautern
60 % fußballstreber
100 % herzgesinnung
100% pfalz

wenn ich

mich nicht irre
irre ich wissenschaftlich
dahin
in gedichten
und psalmen
gottgewollt

kalautern

königsgrab
für viele tote
hohe begreiflichkeit
sei mein vorbote
wer versteht schon

wenn er nicht hier wohnt
in den zeilen der hunnengräber
am rande der stadt

fußball ist

nicht nur ein leben
weit ab vom ball
vom tor
oder der gerechtigkeit

es schneidet ins fleisch
wenn man verliert

mondlicht

milchig
schiesst das licht
auf die strassen
der stadt
und verglommen
bleibt die struktur
der gebäude

knie problem 2

eine umschulung
soll ich anstreben
lacklaborant kaufmann
einsam in die wüste gehn
nach gobi
und dort vergehn
das die nichts bezahlen wollen
steht geschrieben

kurze fünfzehn

drei mal sieben
acht mal die neunzig
zehn minuten
beim doktor
stabile ziffern
am eeg

mama

ist alles
so sinnvoll
wie es scheint
und unvollendet
oder vergeben
vergebens

papa

ich kann mehr
als nur lackieren
geisteswissenschaftlich
hoch gestellte
anforderungen erfüll ich
allesamt
mit tadel

oma

dass du gestorben bist
erfüllt mich
von langer trauer und dauer
wenn alles so schnell
vergeht
will ich auch mehr sein
und nicht vergessen werden

lange dauer

alles liegt wohl
weislich
hinter den sternen
verborgen
im hiersein
erfüllt die reinheit
die gebote
und schmerzt
mit ewiger subtraktion

unterm mond

hinterm mond oben
unten hinter
den zäunen
sehen
wir das drama
es wird voll
vollmond
und alle werwölfe
keilen sich zusammen
und heulen
zum himmel
das das
auch ein guter
friseurtermin ist ahnt
niemand

dein bruder

ist 2 meter zwanzig
und unter ihm
komme ich mir vor
wie ein gnom
der die elben
und wölfe
von unten
mit den feen bestaunt
ich hatte immer
angst vor ihm
jetzt dreht
er sich
in den schlaf
und beginnt
zu schnarchen
der riese
ich habe
angst er
macht kleinholz
aus mir
wenn er atmet
scheppert die
wand
auf und nieder
er warnte mich
schon
dich zu verlassen
als ich
meine
plattensammlung

zerkratzte
doch
das nützt mir nichts
mein
bruder
wiegt 135 kilo
der drückt den weg
aus dem weg
ich ärgere dich
wie sehr
arm bin ich
arm ab
bein raus
der drückt mich
nieder vor freude
der sägt mich klein

wenn ich ihn mir anseh
bin ich der zwerg
den du vergötterst
und mein bruder
der hooligan
den du verachtest
warum
sind alle so dick
und rund
groß
und hohl
wenn sie schlafen
wenn sie mich
erdrücken könnten
keine ahnung

ode

das nordland
dort wo
ich aufwuchs
scheinet zum
himmel
in strahlen
und oben
und unten verschieben
sich zu phrasen
auf den
seiten
eines gedichtbandes

ich war hier
und schmückte
mein leben

so muss doch
immer erneut
einer
die steine
wegräumen
die er mir in die
wege legt

ich bin groß sanftmütig
zuweilen
auch träge
doch
alles liebe wird verspiegelt

wie ich mich kenne
wird alles schwerer
und schwacher
in mir
am anfang dieses gedichtbandes bis
zum ende hin

wer versteht schon
wenn er nicht
versteht
und es trügt sich der schein
das alles
daraufhin läuft
meine familie zu ehren
meinen
vater meine mutter
und am rande des universums

stehen
die dummen
die sich
über mich
hinwegsetzen wollen

wie oft betete ich
zum himmel

alles was ich jetzt tun kann
ist
variieren
und leben

zum ende hin

oder weiter
wer weiß
das schon

eiland

dort steht man
mit großen
gummistiefeln
und wer weiß
dann noch wer
wer sein wird
wenn er die flaschen ausschmeißt
ins meer
zum nordkap hin

und dort die geschichte verändern will

ich habe dir doch gesagt
ein leben
in einsamkeit
ist schwer
schwerer als du mir das leben machst

und

wer weiß schon
wann wieder
die wellen
uns forttragen

oder woher wir kommen
und wohin man geht
wenn man
gehen muss
und wann alles sinnvoll

oder sinnlos
über dem horizont
zu lesen ist
ich stehe am beginn
einer zeitrechnung
wie es scheint

muss man erst
nochmal geboren sein
um sein leben zu verstehen

ich habe doch von
allem ahnung
und kann aufmerksam
sein
lesen und lehren
was die fabeln
mir zu gehör tragen

wie wenn ich da
stehe
und werfe eine flasche
ins meer
und am nächsten tag
kommen
hunderte nachrichten
und sinnvoll wäre es dann nicht
zu schweigen
wie es manche tun
und am ende
des regenbogens
gold zu suchen

ich bin doch ein sanftmütiger
mensch
doch was zu viel
ist
ist
zuviel
ich habe doch
mich ausersehen
auf ein schiff steigen
zu können
und ans wasser
zu bauen
ein auto zu fahren
einen roller
ein leben

eine stagnation
löst sich auf
in ein nächstes gesicht
das auf meinen

strandkorb
herabblickt

ich werde verfolgt
doch das
macht träger
als es scheint

wenn ich aus den häuserzeilen
herauskrieche

aus dem turm
in dem ich wohne

ändert sich meine
meinung
vom leben

ich ändere mich
durch meinen
schulischen abschluss

meine qualifikationen

und mein herz
ich bin
auf dem weg
nach heimat
und verlasse sie mehr

gehe fort fort
weiter
als alle schritte dies können

ich will mich vertiefen

alles mit tadel tun

dinge ändern
mit dem lot

mein leben messen

ob das alles noch sinn macht

das macht
es doch
wenn ich mich
wehre

wird alles noch schwerer

in meinem leben
bin ich
durch höllen
gegangen
und angekommen

und habe gewartet
doch steine
die ich mir
in den weg lege

sind schwer fortzutragen

versteht mich denn keiner

mein leben war irr wirr
und noch tiefer betrachtet schwer

wer versteht
schon wenn
er nicht versteht

drogen

sie fressen dich
von vorne auf

lassen dich leben
verändern bewusstseinserweiternd

den weg in
und um
aus und für
dich

dass du vorne
und hinten
nicht mehr weißt
was du meintest
wenn algebra
und trigonometrie
sich in deinem
hirn festfressen
und du
nach oben
schreist

um da wieder rauszukommen
irrst du dich gewaltig

das macht
talergroße löcher ins hirn

und du

glaubst
du lebst
wenn du zermürbt wirst..

ich dachte anfangs

an andere dinge
wie sie das leben bestimmen will

obwohl alles lichter wird
in meiner welt

demian

wer sieht dich
hinter den eckpfeilern
meiner philosophie
auf und abgehn

alles wird lieber und lichter
und dunkler und trüber
bis
sie gedankenlesen
und du hörst

carl gustav
im innern synchron
mit gott verwoben

wenn ich

mich gemalt hätte
und nicht abraxas
meine mutter
oder ein
urbild von ihr

hätte ich es nicht essen müssen

ich hätte es destilliert und getrunken
im rausch der
bilderflut meiner träume

naturverbundene treue

versetzt mich an diesen ort

der keinen namen hat
am rande der stadt
eines bundeslandes
das ich schätze
in einem der staaten
der europäischen union
in dem ich heimisch bin

und sesshaft wurde

kunst ist macht

und gierig
darauf entdeckt zu werden
im zeitalter der postpostmoderne

die schatten wirft
auf die romantik
und ihrer erfassung
in der geschichte

schreibmaschine

in der schule
musste man immer einen
text verfassen

thema: mururoa
oder fußball
oder karneval

im stil
eines dreizeilers
eines haikus
auch
eines gedichts

nur mir fiel selten was ein
was befriedigte
es wurde stets vorgelesen
und auch
zerrissen
vom lehrer

ich habe immer noch kontakt zu ihm
er korrigiert meine texte
die ich damals nicht zustande brachte

und auch wenn ich
es mir überlege
auf kommando nicht schrieb

das war die schulzeit

nie ein sehr gut in deutsch
nicht mal in der berufsschule
aber ein gut
in meinen gedichten
das beruhigt.

gedichtinterpretation trakl

knochentürme
hölle
ein hauch von frieden
bevor das opium wirkt
ich versteh
wenn ich ihn mir anseh
auf einem foto
aus asbest
das war der tod
er kommt leis
wenn man das kokain spritzt

Inhalt

Uwe Kraus

Kaiserslautern, den 07.11.2017

zur Neuauflage

Dieser kleine aber feine Band des jungen Autors Uwe Kraus besticht durch eine wortgewaltige Sprache verbunden mit einem treibenden Rhythmus, welche jeden Lyrik - Liebhaber in ihren Bann ziehen werden.

Wie kein Anderer beschreibt Kraus das Lebensgefühl der pfälzischen Metropole Kaiserslautern, die zwischen Größenwahn und Provinzialität so hin und her getrieben wird, dass man am Ende nicht mehr weiß, was nun wirklich zutrifft. Ihm gelingt dies durch eine sehr offene Darstellung seiner inneren Gedankenwelt. Schonungs- und erbarmungslos geht er mit sich selbst und seiner Umwelt ins Gericht, wird dabei nie vulgär oder bösartig, sondern schafft eine wohlfühlende in manchen Momenten traurige öfters jedoch humorige Atmosphäre. Absolut authentisch und so den Lokalkolorit der Heimat des FCK wunderbar nachzeichnend.

Über alles erhaben und in seinem Werk (bis jetzt) einzigartig ist der (fast) allen Texten zugrunde liegende eigene Rhythmus, der die Wörter verbindet, fließen lässt. Im Zusammenspiel mit den wortgewaltigen Metaphern erhalten einige Texte eine sinnreiche Mehrdeutigkeit, die eine ganz besondere Tiefe hervorruft.

Selten einen so erfrischenden Lyrikband gelesen.

M. Müller   Mainz